UNIVERSITÉ DE FRANCE.

ACADÉMIE DE STRASBOURG.

THÈSE
POUR LA LICENCE,

PRÉSENTÉE

A LA FACULTÉ DE DROIT DE STRASBOURG

ET SOUTENUE PUBLIQUEMENT

LE SAMEDI 15 AVRIL 1848, A MIDI,

PAR

JULES VAUDRIT,

D'ARLAY (dép. du Jura).

STRASBOURG,
DE L'IMPRIMERIE D'ÉDOUARD HUDER, RUE DES VEAUX, 27.
1848.

A LA MÉMOIRE

DE MA MÈRE.

A MON PÈRE.

J. VAUDRIT.

FACULTÉ DE DROIT DE STRASBOURG.

PROFESSEURS.

MM. RAUTER ✳ . . . . . doyen et professeur de procédure civile et de législation criminelle.

HEPP ✳ . . . . . . professeur de Droit des gens.

HEIMBURGER . . . . professeur de Droit romain.

THIERIET ✳ . . . . professeur de Droit commercial.

AUBRY ✳ . . . . . . professeur de Droit civil français.

SCHÜTZENBERGER ✳ . professeur de Droit administratif.

RAU . . . . professeur de Droit civil français.

ESCHBACH . . . . . professeur de Droit civil français.

M. BLŒCHEL ✳, professeur honoraire.

PROFESSEURS SUPPLÉANTS.

MM. DESTRAIS.

CHAUFFOUR, professeur suppléant provisoire.

———

M. POTHIER, secrétaire, agent comptable.

———

M. ESCHBACH, président de l'acte.

Examinateurs, MM. { ESCHBACH,
                      RAUTER,
                      HEPP,
                      CHAUFFOUR.

La Faculté n'entend ni approuver ni désapprouver les opinions particulières du candidat.

JUS ROMANUM.

DE USUFRUCTU.

GENERALIA.

§ I. USUSFRUCTUS DEFINITIO.

In jure romano servitutes aut personarum aut prædiorum sunt, sive in utilitatem personæ, sive in utilitatem rei constituuntur. Personalium servitutum quatuor formæ numerantur : ususfructus, usus, habitatio, operæ servorum.

« Ususfructus est jus alienis rebus utendi et fruendi, salva rerum « substantia. » (1)

---

1 Inst., lib. II, tit. IV, de usufr.

Ex hac definitione plura sequuntur :

1º Usufructuarius non solum fructus sibi et suis necessarios acquirit, sed quæcunque ex re nascuntur vel ad voluptatem et commodi-
tatem; non enim tantum utitur, sed fruitur.

2º Quum omnia quæ ex re percipiuntur ad usufructuarium perti-
neant, non solum per se ipsum, sed etiam per alterum uti et frui
potest. Rem igitur alii fruendam concedere, vel locare, vel vendere
ei licet; ille vero semper erit usufructuarius, quoniam personæ cohæret jus.

3º Ut ususfructus existat, necesse est eum in re aliena constitui;
nemini enim res sua servit.

4º Usufructuarius re uti et frui debet, salva ejus substantia; nun-
quam igitur eam deteriorem facere, nec causam proprietatis offendere
debet : sic non potest servitutem in re constituere aut eam transfor-
mare, nisi consentiat dominus.

§ II. IN QUIBUS REBUS USUSFRUCTUS CONCEDI POTEST.

Antiquitus in his tantum rebus quæ usu neque minuuntur, neque
consumuntur, veluti fundum et ædes constitui poterat ususfructus,
quem usumfructum verum appellabant. Postea vero senatus decrevit
omnium rerum quæ in cujusque patrimonio sunt, usumfructum le-
gari posse. Quo senatus-consulto inductum videtur eas quoque res
quæ usu consumuntur vel minuuntur, veluti vinum, oleum, pecu-
nia, in usufructu posse dari, dummodo usufructuarius caveat se alias
pari numero, pondere aut mensura et ejusdem qualitatis, vel earum
æstimationem, restiturum, finito usufructu. Hinc rem salvam habere

fructuarius non tenetur, sicut in usufructu vero, ea abuti potest; unde dictus est quasi ususfructus (1).

§ III. QUIBUS MODIS CONSTITUITUR USUSFRUCTUS.

Pluribus autem modis concedi potest ususfructus :

1° Sæpissime testamento legatur, ut ecce si quis usumfructum alicui legaverit; nam hæres nudam habet proprietatem, legatarius vero usumfructum. Si contra fundum legaverit, legatarius nudam habet proprietatem, hæres vero usumfructum (2).

2° Si quis autem sine testamento usumfructum velit constituere, id pactionibus et stipulationibus efficere debet.

3° Constituitur adhuc ususfructus et in judicio familiæ erciscundæ et communi dividundo, si judex alii proprietatem, alii usumfructum adjudicaverit (3);

4° Aut si quis rem suam alienando, ejus usumfructum sibi excipit;

5° Acquiritur nobis ususfructus per eas quoque personas quæ juri nostro subjectas habemus, veluti per servos (4).

6° Item per præscriptionem acquisitivam (5).

7° Constituitur demum lege. Quod si filiusfamilias bona ex alia causa quam ex re patris acquirit, eorum ususfructus ad patrem pertinet. Item quum paterfamilias filium emancipat, dimidiam partem ejus bonorum ususfructus retinet (6).

1 Dig. de usufr. ear. rer., l. 1.
2 Inst., lib. II, tit. IV, § 1.
3 Dig. de usufr., l. 6, § 1.
4 Dig. h. tit., l. 6, § 2.
5 Const. unic. Cod. de usucap. transfor.; const. 12, Cod. de long. temp. præscript.
6 Instit., lib. II, tit. IV, § 1 et 2.

Præterea aut ad diem, aut ex die, aut sub conditione, aut fidei-
commissario nomine, et pro parte divisa vel indivisa ususfructus
constitui potest (1).

CAPUT PRIMUM.

De usufructuarii oneribus.

Durante usufructu, rem conservare et quemadmodum bonus paterfamilias usufructuarius uti et frui debet. Omnem igitur custodiam,
omnem diligentiam atque omnem culpam præstare tenetur.

Inde plura sequuntur :

1° Agri usufructu relicto, usufructuarius recte eum colere debet;
silvæ, in locum arborum demortuarum novas substituere, nisi vi
tempestatis, non ejus culpa evertantur (2).

Quod si gregis sit ususfructus, bestiis demortuis aut inutilibus
aliis ex fœtu supplebit; si autem mancipiorum, ea secundum ordinem
et dignitatem singulorum alere et vestire debet (3). Denique faciet
quæcunque vigilans paterfamilias in re sua faceret.

2° Reficere quoque ædes cogitur, sed modica tantum refectio ad
eum pertinet, et nec proprietarius nec usufructuarius quod vetustate
aut fortuito casu corruisset, reficere cogi possunt (4). Usufructuarius
autem ab omni refectione liberabitur, si usumfructum relinquit,
dummodo quid reficiendum est suo suorumve facto non perierit
aut deterius factum sit (5).

1 Dig. de usufr., l. 5.
2 LL. 18, 59. Dig. hoc tit.
3 Dig. de usufr., l. 15, § 2.
4 L. 7, § 2 et 3. Dig. h. tit.
5 LL. 48, 64, 65. Dig. h. tit.

3° Item omnia realia onera ab usufructuario præstabuntur (1), debet igitur omnia tributa ordinaria quæ rei incumbunt, nisi tamen conventione liberetur, aut, si ususfructus testamento relictus·sit, testator voluerit ea ab hærede dari (2). Alia onera quæ extraordinaria habentur et fructus non afficiunt, proprietarius solus perfert.

Ab omnibus his oneribus liberabitur usufructuarius, usumfructum derelinquendo (3).

4° Prospiciet adhuc ne proprietarii jura pereant : sic si servitus fundo in quo est ususfructus debita, non utente fructuario, amittitur, aut si vicinus in re servitutem acquirit, certe usufructuarius erga proprietarium hoc nomine tenebitur (4).

5° Denique cautionem dare tenetur se usurum boni viri arbitratu, et quum ususfructus ad eum pertinere desinet, restituturum quod inde exstabit (5).

Hæc cautio quæ ante traditionem rei præstanda est, ab omni usufructuario debetur, qualiscunque rei sit ususfructus et qualicunque titulo, sive testamento, sive conventione constitutus fuerit (6).

Domino rei et, si proprietas plurium est, unicuique pro parte sua exhibenda est (7). Quod si tibi ususfructus et mihi proprietas legata sit, mihi cavendum est; et si mihi proprietas sub conditione et mihi et heredi cavendum (8).

Cautio ab omnibus præstabitur quibus aut lege aut a domino non

1 L. 7, § 2. Dig. h. tit.
2 L. 52. Dig. h. tit.
3 L. 48. Dig. h. tit.
4 L. 15, § 7. Dig. h. tit.
5 L. 1. D. usufructuarius quemad. caveat.
6 Const. 4, Cod. de usufr. et habit.
7 L. 9, § 4. Dig. ususfruct. quemad. cav.
8 L. 8. Dig. h. tit.

expressim remissa fuerit. Sic si quis sibi excipiendo proprietatem in re sua usumfructum vendiderit, emptori cautionem remittere valet. Testator autem non potest jubere legatarium ususfructus non satisdare heredi (1).

Lex ab ea satisdatione liberat patremfamilias propter usumfructum quem in bonis adventitiis filii habet (2).

Diximus cautionem ante traditionem rei dari opportere; actio enim usufructuario non conceditur priusquam satisdederit (3).

CAPUT SECUNDUM.

Quibus modis ususfructus amittitur.

1° Extinguitur ususfructus morte usufructuarii et ad heredes non transmittitur, quoniam est jus quod personæ cohæret. Potest usufructuarius, ut supra jam diximus, jus suum cedere, vel locare, vel vendere, sed semper erit usufructuarius nomine, et eo moriente, cessabit ususfructus. Præterea si sub conditione aut ex die legatus fuerit, et si usufructuarius moriatur priusquam aut dies aut conditio venerit, actio ad jus repetendum cum eo extinguitur, nec ad heredes pertinebit (4).

Si civitati legetur, centum annorum lapsu amittetur, quia is finis vitæ longævi hominis est. Si vero desinit esse civitas, quasi morte desinit habere usumfructum (5).

---

1 Comp. Const. 1 et 7. Cod. ad leg, Falcid.
2 Const. 8, § 4. Cod. de bon. quæ lib.
3 L. 13. Dig. usufr. quemad. cav.
4 LL. 5 in fin. et 1. Dig. quib. mod. ususfr. amit.
5 L. 21. Dig. h. tit.; l. 56. Dig. de ususf. et quemad.

2° Amittitur ususfructus quum usufructuarius capite minuitur.

Olim qualibet capitis minutione cessabat; Justinianus autem voluit eum tantum maxima et media extingui (1).

3° Interitu rei vel mutatione ejus formæ; est enim ususfructus jus in corpore, quo sublato et ipsum tolli necesse est (2); veluti si ædes quorum ususfructus mihi legatus est, corruerunt aut exustæ sunt; si proprietarius eas reædificaverit, non reviviscit meum jus. Aliud autem est dicendum si per partes reficiat, licet omnis nova forma facta sit (3).

Item finitur ususfructus, si silva in agrum convertitur (4).

Item si quadrigæ unus ex equis decesserit (5).

Denique, ut ita dicamus, quum res perierit aut formam mutaverit, ita ut jam omnino perempta aut in aliam speciem nomenque transiisse videatur, ususfructus extinguitur. Aliter autem est, si ususfructus plurium rerum generaliter legatus fuisset, veluti si est fundi et villa diruta sit, non desinet, quia fundi villa accessio est, et, ea diruta, in cæteris jus semper supererit (6).

Reviviscet præterea ususfructus si res subjecta, mutata ejus forma, ad pristinum statum redierit intra illud tempus quo jus amittitur non utendo, quem modum infra exponemus. Hinc sequitur : Si ager in quo erat meus ususfructus flumine inundatus sit, jus meum cessat; sed, si flumine discesso, ager ad pristinum redit statum priusquam non utendo extinctum fuisset, reviviscit (7).

1 Const. 16. Cod. de usufr. et habit.
2 L. 2. Dig. de usufr. et quemad.; l. 5, § 2. Dig. quib. mod. ususf. amit.
3 L. 10, § 1, Dig. h. tit.
4 L. ibid. § 4. Dig. h. tit.
5 L. ibid. § 8. Dig. h. tit.
6 L. 8. Dig. h. tit.
7 LL. 23, 24. Dig. h. tit.

4º Finitur ususfructus solutione juris concedentis, dummodo hujus solutionis causa prius existat quam jus constitutum fuerit (1).

5º Consolidatione, id est si dominium rei et ususfructus, simul in usufructuarii caput veniant; quod fit, si proprietarius ei rem cesserit, aut vendiderit (2). Domino rei mutato non extinguitur ususfructus (3).

Item amittitur, si proprietario ab usufructuario cedatur (4).

6º Non utendo per tempus et modum.

Usufructuarius qui re per triennium si est mobilis, aut per decennium inter præsentes et per vicennium inter absentes si immobilis, non utitur usumfructum amittit (5).

Non tamen necesse est ut usufructuarius ipse utatur ; alter ejus nomine utiliter uti et frui potest, et si quis jus vendiderit aut locaverit, emptor et conductor ei illud retinebunt utendo. Quin etiam qui, me ignorante, negotium meum gerens, utitur et fruitur, retinet.

Si vendidero usumfructum, licet emptor non utatur usumfructum retineo, quia pretio fruor ; si autem donavero, donatore non utente, amittam (6).

7º Extinguitur demum ususfructus lapsu temporis ad quod legatus fuerat, veluti si biennio mihi relictus sit, hujus temporis lapsu cessat jus. Item si sub conditione resolutiva constitutus sit, dum pendet conditio utor, sed illa veniente, extinguitur. Quod si legatus sit quoad Titius ad certam ætatem pervenerit, et prius ille moriatur, jus retineo usque ad tempus quo hanc ætatem attigisset, si mortuus non fuisset (7).

1 Comp. l. 16. Dig. h. tit.
2 Comp. l. 27. Dig. h. tit.; Inst., lib. II, tit. IV, § 3.
3 L. 19. Dig. quib. mod. ususfr. amit.
4 Instit., lib. II, tit. IV, § 3.
5 Const. 16. Cod. de usuf. et habit.
6 Comp. l. 12. Dig. de usufr. et quemad.; ll. 38, 39, 40. Dig. eodem.
7 Const. 5. Cod. de usufr. et habit.

DROIT CIVIL FRANÇAIS.

De l'usufruit en général et des obligations de l'usufruitier en particulier : Comment l'usufruit prend fin ?

(Code civ., Liv. II, tit. III, chap. Ier, sect. 2 et 3, art. 578-581, 600-624).

INTRODUCTION.

§ Ier. DÉFINITION ET NATURE DE L'USUFRUIT.

La propriété *plenum in re dominium* se compose de deux éléments principaux : 1° droit de disposer de la chose *abusus*, c'est-à-dire de l'employer à un usage définitif soit en la détruisant, soit en l'aliénant; 2° droit d'en jouir *ususfructus*, c'est-à-dire droit d'en retirer tous les produits et de profiter des avantages qu'elle est susceptible de procurer (C. c., 544.)

2

Le plus souvent ces deux éléments seront réunis et alors le second ne sera plus qu'un attribut, qu'une conséquence du premier; mais il peut aussi arriver qu'ils soient séparés, que le droit de disposition (1) appartienne à l'un et la jouissance à l'autre. Dans ce cas la pleine propriété se trouvera démembrée; il y aura sur la chose, *in re*, deux droits parfaitement distincts : d'où il suit que la constitution d'usufruit, qui n'est rien autre que la séparation de ces deux éléments, confère à l'usufruitier un droit réel et opère le démembrement de la pro‑priété.

L'article 578 du Code civil définit l'usufruit :

« Le droit de jouir des choses dont un autre a la propriété, comme « le propriétaire lui-même, mais à charge d'en conserver la subs‑ « tance. »

Droit de jouir des choses dont un autre a la propriété, c'est-à-dire séparation des deux éléments qui la composent, telle est, comme nous venons de le voir, la nature de l'usufruit.

Considéré dans la personne qui en est revêtu, l'usufruit est un droit purement personnel, incessible par acte entre vifs ou par voie de l'hérédité. S'il peut être cédé, cette cession ne doit s'entendre que de la jouissance de fait ou de l'exercice du droit et non du droit lui-même ; c'est toujours sur la personne de l'usufruitier que reposent les charges usufructuaires et le transport ne pourrait devenir parfait que du consentement du propriétaire.

Considéré d'un autre côté dans l'objet auquel il s'applique, l'usufruit n'est qu'un droit incorporel qui devient meuble ou immeuble selon que cet objet est lui-même meuble ou immeuble (C. c., 826).

De ce que l'usufruit est un démembrement de la propriété, il suit qu'il ne peut être établi qu'à terme, car s'il pouvait durer éternellement, la nue propriété deviendrait illusoire et n'existerait que de nom.

---

1 Il ne s'agit ici que du droit en lui-même, et non de l'exercice de ce droit, en un mot, de ce que l'on appelle *nue-propriété.*

La jouissance de l'usufruitier, bien qu'elle s'exerce de la même manière que celle du propriétaire, ne lui donne cependant pas droit aux produits qui ne sont pas réputés fruits (582—591 , 593—598, al. 1 , 599. Comp. 592, 598, al. 2); de même il ne pourrait louer les biens grevés pour plus de neuf ans, ni renouveler les baux existant plus de trois ans avant l'expiration du bail courant, s'il s'agit de biens ruraux, et plus de deux ans avant la même époque, s'il s'agit de maisons (595, 1429, 1430). Il doit de plus conserver la substance de la chose, c'est-à-dire l'ensemble des qualités qui en font sa bonté, sa valeur, il ne peut pas même en changer la forme, *utitur fruitur sed non abutitur*.

§ II. COMMENT L'USUFRUIT S'ÉTABLIT ?

« L'usufruit est établi par la loi ou par la volonté de l'homme (art. 579). »

I. L'usufruit est établi par la loi :

A. « Au profit du père durant le mariage, et après la dissolution « du mariage, au profit du survivant des père et mère sur les biens « de leurs enfants jusqu'à l'âge de 18 ans ou jusqu'à l'émancipation « qui pourrait avoir lieu avant cet âge. » (Art. 384, C. c.)

Cet usufruit s'étend en général à tous les biens des enfants, quels qu'ils soient et à quelque titre qu'ils les aient acquis.

Sont exceptés :

1° Ceux qu'ils ont acquis par un travail ou une industrie séparés et ceux qui leur sont donnés sous la condition expresse que les père et mère n'en jouiront pas. (C. c., 387).

2° Ceux qui leur proviennent d'une succession, dont les père et mère auraient été exclus comme indignes. (C. c., 730).

3° Et enfin ceux qui font partie d'un majorat (avis du Conseil d'État du 30 janvier 1811).

En leur qualité d'usufruitiers, les père et mère sont soumis aux mêmes charges que tout usufruitier en général, sauf l'obligation de fournir caution (601). Ils doivent de plus, aux termes de l'art. 385 , nourrir, entretenir et élever leurs enfants selon leur fortune; acquitter les arrérages des rentes et les intérêts des capitaux échus au moment de l'ouverture de l'usufruit (1), enfin payer les frais funéraires et de dernière maladie de la personne de qui l'enfant a recueilli les biens soumis à l'usufruit. (2)

Outre les modes d'extinction de l'usufruit ordinaire , l'usufruit des père et mère cesse encore :

1° Par l'arrivée de la dix-huitième année de l'enfant ou par son émancipation avant cet âge (384).

2° Dans le cas prévu par les art. 334 et 335 du Cod. pén., lorsque le père ou la mère aura été condamné pour avoir excité, favorisé ou facilité la débauche ou la corruption de ses enfants.

3° Lorsque le survivant des époux n'aura pas fait procéder dans le délai prescrit par la loi à l'inventaire des biens de la communauté qui a existé entre le père et la mère, c'est-à-dire des biens qui, par la mort de l'un des époux, se trouvent communs entre le survivant et ses enfants mineurs (1442 , al. 2).

4° L'usufruit légal de la mère cesse par son convol à de secondes nôces (386).

Quant à la disposition énoncée dans la première partie de l'art. 386, laquelle prive celui des père et mère contre lequel le divorce aurait été prononcé de la jouissance des biens des enfants , il est clair qu'elle n'aurait plus d'effet aujourd'hui, et on ne pourrait l'appliquer au cas de séparation de corps; car c'est une disposition pénale qui ne peut s'étendre par analogie.

L'usufruit est établi par la loi :

1 Proudhon, Traité de l'usufruit, n° 205 et suiv.

2 Ibidem, n°s 210 et suiv.

B. Dans le cas prévu par les art. 753 et 754 du Cod. civ. Lorsqu'une personne décède laissant pour héritiers dans une ligne son père ou sa mère et dans l'autre des collatéraux autres que des frères et sœurs ou descendants d'eux, le père ou la mère survivant a l'usufruit du tiers des biens auxquels il ne succède pas en propriété.

C. D'une part, lorsque les époux sont mariés sous le régime de la communauté, la loi établit au profit de cette communauté un usufruit sur les biens propres à chacun des époux (1401).

D'autre part, lorsqu'ils sont mariés sous le régime exclusif de communauté, l'art. 1530 établit, au profit du mari, un droit d'usufruit sur tous les biens de la femme (comp. 1533), et lorsqu'ils ont adopté le régime dotal, le mari a la jouissance des biens constitués en dot (1549, comp. 1562 et 1571). Dans ce dernier cas, le mari est dispensé de fournir caution pour la restitution de la dot (1550).

D. Un quatrième exemple d'usufruit légal se trouve dans la loi du 8 novembre 1814, qui donnait au roi l'usufruit du domaine de la couronne (art. 1). Les charges de cet usufruit étaient aux frais de l'ancienne liste civile.

II. L'usufruit peut être établi, par la volonté de l'homme à titre gratuit ou à titre onéreux : à titre gratuit, par donation entre vifs ou par testament; à titre onéreux, par vente, échange, transaction et en général par toute espèce de contrat.

La constitution d'usufruit opère un démembrement de la propriété; elle est donc une véritable aliénation, *rem alienat qui dat usumfructum* (Cod. de rebus non alienandis, liv. IV, tit. 51, l. 7). D'où il suit que pour établir valablement un droit d'usufruit, on devra observer toutes les règles prescrites par la loi pour les aliénations en général. C'est ainsi par exemple, que le constituant devra être propriétaire de la chose et capable de l'aliéner, et que celui au profit de qui cette constitution sera faite devra avoir la capacité d'acquérir; donc, lorsque la constitution aura lieu à titre gratuit, pour qu'elle soit valable, il faudra se conformer à toutes les règles tracées au titre des donations entre vifs et des testaments pour la capacité de disposer et de recevoir, pour la réduction de la disposition dans le cas où elle entamerait la réserve et enfin pour la forme de l'acte.

Lorsque la constitution aura lieu à titre onéreux, outre la capacité de disposer chez le constituant et celle d'acquérir chez l'usufruitier, il faudra que toutes les autres conditions requises pour la validité des conventions soient observées (comp. 1108—1133).

Que l'usufruit soit établi à titre gratuit ou à titre onéreux, il peut l'être purement et simplement, ou à partir d'un certain jour *ex die;* ou jusqu'à un certain jour, *ad diem;* ou sous une condition suspensive ou résolutoire, et enfin sous toutes les modalités auxquelles les parties jugeront à propos de le soumettre (580). Néanmoins l'on ne pourrait dans aucun cas le rendre transmissible héréditairement, car ce serait changer la nature qu'il a reçue de la loi. Il est vrai qu'on peut l'établir successivement sur plusieurs têtes, mais cette constitution ne sera valable qu'autant que celui qui devrait le recueillir après un premier ou un second usufruitier, serait alors déjà né ou conçu. En effet, d'une part, pour être capable de recevoir entre vifs ou par testament, il faut, aux termes de l'art. 906, Cod. civ., être conçu au moment de la donation ou du décès du testateur ; d'autre part, pour acquérir à titre onéreux, il faut agir soi-même ou par un représentant: or on ne représente pas une personne qui n'existe pas.

L'usufruit établi au profit d'une personne morale, par exemple, d'une commune ou d'un établissement public, ne peut l'être pour plus de trente ans (619).

A. L'usufruit peut-il être établi par le juge ?

Chez les Romains, lorsque dans un partage judiciaire il se présentait une chose qui ne pouvait se diviser commodément, le juge pouvait en attribuer la nue propriété à l'un et la jouissance à l'autre : *constituitur adhuc ususfructus et in judicio familiæ erciscundæ et communi dividundo, si judex alii proprietatem adjudicaverit, alii usumfructum* (D. lib. VII, tit. 1, l. 6, § 1). En est-il de même aujourd'hui? non, nulle part dans notre Code on ne trouve de disposition qui confère ce pouvoir au juge. La loi indique deux moyens de sortir de l'indivision : 1° « Si les immeubles ne peuvent pas se partager commodément, on procède à leur vente par licitation devant le tribunal (827); 2° l'inégalité des lots se compense en rente ou en argent (833); mais elle n'accorde pas au juge le pouvoir que lui donnaient les lois romaines. (1)

B. L'usufruit peut-il s'acquérir par prescription?

Aux termes de l'art. 2265, Cod. civ., on acquiert la propriété d'un immeuble par la prescription de dix ans entre présents et vingt ans entre absents, pourvu qu'il y ait juste titre et bonne foi, et aux termes de l'art. 2262, par celle de trente ans, s'il n'y a ni juste titre ni bonne foi. Les dispositions de ces articles sont-elles applicables en matière d'usufruit? Nous pensons que cette question ne présente pas le moindre doute. On prescrit la propriété d'un immeuble . . . . . , mais qu'est-ce que l'usufruit d'un immeuble? L'art. 526 nous le dit; c'est un immeuble; il est susceptible d'hypothèque (2118); pourquoi donc ne pourrait-il pas se prescrire comme tous les autres immeubles? et l'on ne pourrait pas dire en argumentant de l'art. 2236, qu'on ne peut prescrire en qualité d'usufruitier, parce qu'alors on ne possède pas pour soi et que l'une des conditions essentielles à l'acquisition par prescription, c'est que l'on possède *animo domini.* Il n'est pas vrai que l'usufrutier possède pour autrui; sa jouissance est une partie de la propriété; il l'exerce en son nom et pour lui seul; c'est son bien. Ainsi j'achète par un juste titre et de bonne foi l'usufruit d'un fonds d'une personne qui n'en était pas propriétaire et je possède, pendant le temps voulu, et avec toutes les conditions requises par l'art. 2229. Nul doute que j'aurai prescrit mon droit. (2)

1 Malleville (art. 579) émet une décision contraire; mais son opinion se trouve contredite par tous les auteurs. Proudhon, n° 304 ; Duranton, IV, 289 ; Toullier, III, n° 391; Zachariæ, II, p. 3.

2 Voy. en ce sens Proudhon, nᵒˢ 750 et suiv.; Toullier III, n° 393; Duranton IV, n° 502, Zachariæ II, p. 3; Troplong, *prescription*, art. 2265, et encore un arrêt de la Cour de cassation du 17 juillet 1816 (Sirey, 1817, I, 152).

§ III. SUR QUELLE ESPÈCE DE BIENS L'USUFRUIT PEUT ÊTRE ÉTABLI.

L'usufruit peut porter sur toute espèce de biens, meubles ou immeubles (581), sans distinction entre les biens corporels et les biens incorporels (526, 588).

Une servitude réelle ne pourrait toutefois être par elle-même l'objet d'un droit d'usufruit, car elle ne peut être considérée comme un bien, qu'autant qu'elle est attachée à l'immeuble auquel elle est imposée ; elle ne pourra donc être soumise à l'usufruit qu'avec cet immeuble, mais jamais sans lui. (1)

L'usufruitier peut établir un nouvel usufruit sur le sien, et il y a cette différence entre cette nouvelle constitution et la cession pure et simple qu'il ferait de son droit, que dans le premier cas les droits du second usufruitier seront résolus par sa mort au profit de celui de qui il les tenait ; tandis que dans la cession pure et simple les héritiers du cessionnaire continuent de jouir, jusqu'à la résolution du droit, de l'usufruitier constituant. (2)

Enfin l'usufruit peut être universel, à titre universel ou particulier, selon qu'il porte sur des universalités ou sur des biens particuliers.

L'usufruit universel s'étend à l'universalité des biens du constituant ou à la quotité de ces biens dont il peut disposer.

L'usufruit à titre universel est celui qui porte sur une quote-part de cette universalité ou de la quotité disponible, ou sur tous les meubles ou sur tous les immeubles, ou sur une quote-part de tous les meubles ou de tous les immeubles.

L'usufruit particulier ne porte que sur un ou plusieurs objets déterminés.

1 Proudhon, 369 et suiv.; Zachariæ II, p. 4.
2 Duvergier, note sur Toullier, III, n° 396 ; Duranton IV, n° 480.

§ IV. DU QUASI-USUFRUIT.

L'usufruit, tel que nous venons de l'examiner, est le droit de jouir des choses dont un autre conserve la propriété . . . . . Or, il peut arriver que, d'après la nature même de certaines choses, la conservation de la propriété sur la tête du constituant devienne impossible par le seul exercice du droit. C'est ainsi que si une personne me donne un sac de blé ou une pièce de vin pour en jouir, le fait même de ma jouissance entraînera la destruction de la chose; car jouir d'un sac de blé ou d'une pièce de vin, c'est les consommer. Je pourrai donc disposer de la chose, j'en deviendrai propriétaire, et alors la condition essentielle à l'existence de l'usufruit, la conservation de la propriété sur la tête du constituant venant à manquer, il ne pourra plus y avoir de véritable usufruit. Cet usufruit impossible, on a dû le remplacer par un droit analogue, droit qui a reçu le nom de *Quasi-usufruit*.

Ainsi toutes les fois que des choses qui, d'après leur nature, devront se consommer par le premier usage, seront données en jouissance, il n'y aura pas d'usufruit proprement dit, mais un quasi-usufruit. Et il en serait de même si, bien que non susceptibles d'être détruites par le premier usage, elles étaient destinées par l'intention des parties à devenir des objets de consommation; ce qui aurait lieu, par exemple, lorsqu'une personne léguerait à une autre un fonds de commerce pour l'exploiter. Il est évident que le légataire pourrait vendre les objets qui se trouvaient dans le magasin, à charge de les remplacer successivement par d'autres, jusqu'à la cessation de son droit.

Comme on le voit, le principal caractère qui distingue le quasi-usufruit de l'usufruit proprement dit, consiste en ce que le quasi-usufruitier devient propriétaire de la chose, d'où il suit que ses obligations se bornent à faire inventaire des objets et à donner caution pour en assurer la restitution, toutes les fois qu'il n'en sera pas dispensé par la loi ou par le titre constitutif (comp. 601).

A l'extinction de son droit, le quasi-usufruitier ou ses héritiers devront restituer des choses de même nature que celle qu'il aura reçues, en pareille quantité et de même qualité, ou leur estimation à l'époque de cette extinction (1); néanmoins si le droit porte sur un fonds de commerce et qu'ils ne représentent pas des objets analogues à ceux qui le composaient lors de l'ouverture de ce droit, ils devront la valeur de ces objets au moment de cette ouverture.

CHAPITRE PREMIER.

Obligations de l'usufruitier.

La constitution d'usufruit confère à l'usufruitier des droits qui, énumérés dans les art. 582 à 600 du Cod. civ., sont en général les mêmes, à quelque titre qu'elle ait été faite, sauf toutefois les modifications que peuvent y apporter soit une disposition de la loi, soit une clause spéciale du titre constitutif; mais elle lui impose aussi certaines obligations, car à tout droit correspond une obligation.

Une obligation est une nécessité juridique, un lien civil qui astreint une personne envers une autre à donner, à faire ou à ne pas faire quelque chose (1100).

Celles qui pèsent sur l'usufruitier doivent être accomplies, les unes avant son entrée en jouissance et les autres pendant la durée de cette jouissance. C'est sous ce double point de vue que nous allons les examiner successivement.

1 Zachariæ II, p. 7.

§ Ier. OBLIGATIONS DE L'USUFRUITIER AVANT SON ENTRÉE EN JOUISSANCE.

I. L'usufruit étant un droit de jouir des choses dont un autre a la propriété, il était nécessaire pour concilier les intérêts du propriétaire et de l'usufruitier, que l'état et la consistance de ces choses fussent établis d'une manière certaine avant qu'elles ne sortissent des mains du premier, pour passer dans celles du second. Il fallait donc d'abord un titre au moyen duquel on put déterminer l'étendue de la restitution à la cessation du droit.

Il fallait d'un autre côté que le propriétaire, avant de se dessaisir de ses biens, eut une garantie suffisante qui lui en assurât la restitution, ou tout au moins qui lui assurât le paiement de la valeur de ceux qui ne lui seraient pas représentés et que l'usufruitier ne prouverait avoir péri soit par suite de l'usage auquel ils étaient destinés, soit par des cas fortuits ou de force majeure, ou enfin une indemnité pour les détériorations qu'ils auraient subies pour le dol ou la faute de l'usufruitier (arg. 589).

Ce titre et cette garantie, la loi les exige de l'usufruitier. Elle veut d'abord qu'avant son entrée en jouissance, il fasse dresser à ses frais (1) l'inventaire des meubles et l'état des immeubles soumis à l'usufruit; elle veut en second lieu qu'il donne caution de jouir en bon père de famille (600, 601). « L'inventaire, dit Proudhon, doit venir en pre- « mier ordre, car ce n'est qu'à la vue de ce titre commun qu'on peut « connaître la consistance des biens, pour arriver à l'estimation des « facultés nécessaires dans la caution (2). »

Aucune formalité n'est prescrite pour la confection de cet inventaire; rien ne s'oppose donc à ce qu'il soit fait amiablement et par acte sous seing privé, si toutes les parties sont majeures, présentes

---

et sachant signer; et si parmi elles il se trouve des mineurs, des interdits ou des absents, il devra y être procédé pardevant notaire conformément aux formalités prescrites dans ces différents cas, et l'état des immeubles sera dressé par des experts nommés par le tribunal.

L'inventaire contiendra :

1° La nature, la qualité, la quantité et l'estimation des choses fongibles. Nous avons vu en effet que l'usufruitier acquiert la propriété de ces sortes de choses, et qu'à la cessation de son droit, il doit en rendre de même espèce et qualité et en pareille quantité ou leur valeur à l'époque de l'extinction du droit.

2° L'état et l'estimation des meubles ordinaires; l'estimation, car il peut arriver qu'à la fin de l'usufruit, l'usufruitier ne représente pas tous les objets qu'il a reçus ou que ces objets se trouvent détériorés, sans qu'il puisse prouver qu'il n'y a ni faute ni dol à lui reprocher. Alors il devra la valeur de ceux qui auront péri et une indemnité proportionnée à la détérioration que les autres auront subie : il faudra donc que cette valeur soit régulièrement constatée (1).

Quant aux immeubles, la reconnaissance qui en sera faite devra déterminer l'état d'entretien où ils se trouvent.

L'inventaire et l'état exigés part l'art. 600 sont donc de la plus grande importance. Mais qu'arrivera-t-il si l'usufruitier est entré en jouissance sans avoir préalablement rempli cette formalité ?

Il faut distinguer. Si les biens soumis à l'usufruit sont des meubles, le propriétaire pourra toujours faire preuve contre lui tant par titres et par témoins que par commune renommée de leur consistance et de leur valeur. Cette disposition résulte de l'analogie que présente le cas avec ceux prévus dans les art. 1415, 1504 et 1442 C. c., au titre du contrat de mariage. Si ce sont des immeubles, l'usufruitier sera toujours censé les avoir reçus en bon état (arg. 1731). Néanmoins celui-ci ou ses héritiers pourront opposer dans ces différents cas la

1 Proudhon, n° 789; en sens contraire, Duranton, IV, n° 595 et 596.

preuve contraire, parce que la présomption qui résulte d'un fait n'est exclusive de la preuve contraire que quand la loi dénie à cet égard toute action en justice (1352), ce qui n'est prononcé par aucune disposition de nos lois dans le cas dont il s'agit ici (1).

Dans tous les cas, le défaut d'inventaire des meubles et d'état des immeubles n'entraînera jamais contre l'usufruitier la déchéance de son droit (2). Bien plus il ne sera pas toujours passible de la restitution des fruits qu'il aurait perçus avant l'accomplissement de la formalité qui lui est ici prescrite. En effet, il est entré en jouissance du consentement exprès ou tacite du propriétaire, ou il y est entré à son insu ou contre son gré. Dans le premier cas, il est clair que le propriétaire pouvant s'opposer à cette jouissance, tant qu'il n'y a pas eu d'inventaire ou d'état, s'il ne l'a pas fait, il ne doit s'imputer qu'à lui seul les pertes qu'il aura éprouvées par suite d'un fait qu'il pouvait empêcher. L'usufruitier possède légalement, puisqu'il exerce son droit du consentement du propriétaire, et il ne saurait être contraint à la restitution des fruits (3). Mais s'il est entré en jouissance à l'insçu du propriétaire ou contre le gré de ce dernier, sa possession n'est plus légale et il doit rendre les fruits (4).

Le propriétaire pourra du reste toujours forcer l'usufruitier à l'accomplissement de l'obligation à lui imposée par l'art. 600 (5).

Un donateur ou un testateur peut-il, en constituant un droit d'usufruit, dispenser le donataire ou le légataire de l'inventaire ou de l'état exigés par la loi ? Oui, quand cette dispense ne devra pas porter atteinte aux droits des créanciers ou des héritiers à réserve. Toutefois, lorsqu'elle sera valable, elle ne pourra empêcher le nu propriétaire de les faire lui-même, et tout son effet se bornera à mettre à la charge de

---

1 Proudhon, nᵒˢ 794 et 795 ; Toullier, III, nᵒ 421.
2 Ibid. , nᵒ 795 ; Cassat. 25 février 1856. (Dalloz, ann. 1836, I, 176.)
3 Arrêt de la Cour de Grenoble du 27 mars 1824 (Dalloz, ann. 1825, II, 75).
4 Proudhon , nᵒ 796 et suiv. ; Zachariæ, II, p. 8.
5 Ibid., nᵒ 794 ; Toullier, III, nᵒ 419.

ce dernier des frais qui, légalement auraient du être supportés par l'usufruitier (1).

II. Comme nous l'avons vu plus haut, la seconde obligation que l'usufruitier doit remplir avant d'entrer en jouissance, c'est de donner caution de jouir en bon père de famille (601).

Cette caution, étant exigée par la loi, devra donc réunir toutes les conditions requises par l'art. 2040 du Code civil pour les cautions légales. L'alinéa premier de cet article est ainsi conçu : «Toutes les fois «qu'une personne est obligée par la loi ou par une condamnation à «fournir une caution, la caution offerte doit remplir les conditions «prescrites par les art. 2018 et 2019.» La caution à fournir par l'usufruitier devra donc «avoir la capacité de contracter, des biens suffi-«sants pour répondre de l'objet de l'obligation et être domiciliée dans «le ressort de la Cour d'appel où elle est donnée (2018).» Ainsi encore «sa solvabilité ne s'estimera qu'eu égard à ses propriétés foncières et «on n'aura point égard aux immeubles litigieux ou dont la discussion «serait trop difficile par l'éloignement de leur situation (2019).» D'un autre côté il ne sera pas nécessaire qu'elle soit contraignable par corps, puisque cette condition n'est exigée que pour la caution judiciaire (2040, al. 2).

La loi en demandant une caution a voulu garantir le propriétaire contre les pertes auxquelles pourraient l'exposer la jouissance abusive ou le dol de l'usufruitier ; c'est donc d'après la valeur à laquelle ces pertes pourraient s'élever que devra être fixé le montant du cautionnement. Ainsi pour les meubles qui peuvent facilement être détournés ou détruits et pour les choses de consommation il devra être proportionné à leur valeur totale ; quant aux autres et aux immeubles, il sera déterminé par l'importance des détériorations dont ils sont susceptibles.

L'usufruitier doit fournir caution, c'est là la règle générale ; les cas

1 Proudhon, nos 800 et suiv. ; Toullier, III, no 420 ; Duranton, IV, no 598.

dans lesquels il en est dispensé sont donc des exceptions qui ne peuvent être étendues par analogie.

a. Et d'abord l'usufruitier peut être dispensé de fournir caution par une clause spéciale du titre constitutif (601). Cette disposition de la loi devrait néanmoins souffrir une restriction lorsque les droits des héritiers à réserve ou des créanciers se trouveraient compromis (1); mais lorsque cette dispense sera valable, le constituant ne pourrait plus en exiger, se trouvât-il, par suite de circonstances imprévues, exposé à des pertes considérables (2).

b. Sont en outre dispensés de plein droit de fournir caution :

1° Les pères et mères ayant l'usufruit légal des biens de leurs enfants mineurs (384). Appelés à cet usufruit à tout autre titre, ils la devraient. Ils ne pourraient pas non plus invoquer le bénéfice de l'exception consacrée par l'art. 601, dans le cas où ils recueilleraient un droit d'usufruit en vertu de l'art. 754 du Code civil; car alors il ne s'agit que de biens déférés à des collatéraux de l'autre ligne et non des biens des enfants, *ubi non est eadem ratio, ibi non idem jus esse debet* (5).

2° Le vendeur ou le donateur qui, abandonnant la nue propriété, se réserve l'usufruit du bien vendu ou donné (601). Cette exception doit encore être appliquée restrictivement, et le vendeur ou donateur de l'usufruit, avec réserve de la nue propriété, est fondé à la demander.

3° Enfin l'art. 1550 du Code civil dispense le mari de fournir caution pour la réception de l'usufruit légal des biens de la femme toutes les fois qu'il n'y aura pas été assujetti par le contrat de mariage (arg. 1549, 1550).

Lorsque l'usufruitier aura fourni une caution valable, le but de la loi sera rempli et rien dès-lors ne s'opposera plus à son entrée en jouissance. Mais qu'arrivera-t-il s'il se trouve dans l'impossibilité de

1 Proudhon, n° 824.

2 Duvergier, note sur Toullier, III, n° 122; arrêt Paris 6 janvier 1826 (Sirey, 1826, 2, 231).

3 Duranton, IV, n° 608.

remplir cette formalité? Devra-t-il pour cela être déchu de son usufruit? Non. La loi ne le veut pas, et d'ailleurs il serait de la plus grande injustice qu'un homme, qui le plus souvent ne peut trouver de caution à cause de son état de pauvreté, fût privé d'un droit dont l'exercice améliorerait sa position. Le législateur a prévu ce cas, et dans les articles 602 et 603 du Code civil il a prescrit des mesures qui, tout en conservant son droit à l'usufruitier, garantissent le propriétaire contre les pertes que le défaut de caution pourrait lui occasionner. Ainsi :

1° Les immeubles sont donnés à ferme ou mis en séquestre, c'est-à-dire, confiés à un gardien qui doit rendre compte des produits de la chose, lesquels appartiennent à l'usufruitier (602, al. 1).

2° Les denrées sont vendues et la vente se fera d'après les règles ordinaires, c'est-à-dire, par officier public, après affiches et publications conformément aux lois sur la procédure (voy. Code de procéd., art. 617 à 625). Le prix en provenant ainsi que les sommes comprises déjà dans l'usufruit seront placés, et le placement devra se faire surtout en rentes sur l'État ou en prêts sur hypothèque; l'usufruitier en touchera les intérêts (602, al. 2, 3 et 4).

Enfin pour les meubles susceptibles de dépérir par l'usage, le propriétaire peut exiger qu'ils soient vendus, pour le prix en être placé comme celui des denrées, et l'usufruitier jouira de l'intérêt pendant la durée de son usufruit. Cependant si parmi les meubles il s'en trouve qui soient nécessaires à l'usage personnel de ce dernier, les juges peuvent, en considérant d'une part ses besoins et sa probité, et d'autre part la valeur de ces objets relativement au reste de l'usufruit, ordonner qu'une partie lui soit laissée sous sa simple caution juratoire, c'est-à-dire, sous le serment qu'il fera d'en user modérément et de les représenter à l'extinction de l'usufruit (603) (1).

Il peut se faire du reste que le propriétaire ait laissé l'usufruitier

1 Proudhon, n°s 841 et suiv.

entrer en jouissance sans exiger de caution. Il ne sera pas pourtant déchu de son droit d'en demander une quand bon lui semblera, car ce n'est pas faire la remise d'une dette que de retarder d'en demander le paiement. Mais jamais le retard de donner caution ne privera l'usufruitier des fruits auxquels il peut avoir droit, et ils lui sont dus du moment où l'usufruit a été ouvert (604).

Pour déterminer l'époque de cette ouverture, il faut distinguer si l'usufruit a été établi par convention ou par testament. Dans le premier cas, il suffit, pour se convaincre que cette ouverture aura lieu par le seul effet de la convention, de se rappeler que l'usufruit est un droit réel, «car tous les droits personnels ou réels transmis par une con-«vention passent à l'acquéreur par le seul effet de cette convention, «sans qu'il y ait besoin ni de tradition, ni d'aucune formalité exté-«rieure pour opérer cette transmission, pourvu que la convention soit «parfaite comme telle quant au fond et quant à la forme (1).»

Si au contraire l'usufruit a été constitué par acte de dernière volonté, nous pensons que l'époque de l'ouverture doive être fixée d'après les règles relatives à l'acquisition des legs en général et qu'il n'y a pas lieu de voir dans l'art. 604 une exception à l'art. 1014. Ainsi conformément à ce que dit cet art. 1014, lorsque l'usufruit formera l'objet d'un legs, l'usufruitier, quoique propriétaire de son droit depuis le décès du testateur, ne pourra réclamer des fruits qu'à partir de sa demande en délivrance ou du jour où cette demande lui aura été volontairement consentie. En effet, s'il pouvait réclamer les fruits depuis le décès du testateur, il serait traité plus favorablement que le légataire de la pleine propriété, ce qui n'est pas possible. (2)

Dans tous les cas, l'usufruitier pourrait offrir au propriétaire en place de la caution un gage ou une hypothèque suffisante sur des biens libres. La loi, en lui imposant l'obligation de fournir caution, n'a eu

1 Zachariæ, t. I, §. 130.
2 Duranton, IV, n° 520. En sens contraire voy. Toullier, III, n° 423, et Proudhon, n°ˢ 393 et suiv.

d'autre but que de garantir les intérêts du propriétaire. Or, il est
clair que ces intérêts seront entièrement à couvert s'il a entre les
mains un gage ou une hypothèque suffisante qui lui assure le remboursement du montant des pertes qu'il pourrait éprouver par suite de la
mauvaise jouissance ou du dol de l'usufruitier : *plus est enim cautionis in
re quam in persona, l. 25. Dig. de reg. jur.* (1).

§ II. DES OBLIGATIONS DE L'USUFRUITIER PENDANT LA DURÉE DE L'USUFRUIT.

I. La première obligation qui pèse sur l'usufruitier, pendant la
durée de sa jouissance, est une conséquence directe de la disposition
finale de l'art. 578, qui veut qu'il conserve la substance de la chose ;
mais cette obligation doit être considérée plutôt comme négative que
comme positive. L'usufruitier, dit la loi, doit conserver la substance
de la chose ; donc il doit s'abstenir de faire tout ce qui pourrait l'al-
térer ; il a le droit de jouir, et non celui de disposer. Cependant, si
par suite de la transformation qu'elle aurait subie, elle avait augmenté
de valeur, le propriétaire devrait être déclaré non recevable à intenter une action contre l'usufruitier, s'il était évident qu'il fût de mauvaise foi (2).

II. L'usufruitier doit en second lieu jouir en bon père de famille.

« Jouir en bon père de famille, c'est jouir dans un esprit de conser-
« vation et administrer de manière à mériter l'approbation d'un homme
« juste et éclairé qui serait sans intérêt dans la chose (3). »

Cette obligation s'étend à toutes les choses non fongibles de quelque
nature qu'elles soient, aussi bien aux choses incorporelles qu'aux choses
corporelles.

1 Toullier, III, n° 422 ; Duranton, IV, n° 603.
2 Proudhon, n° 1432.
3 Proudhon, n° 1469.

Si les objets soumis à l'usufruit sont des immeubles ou des meubles, l'usufruitier devra, selon la nature de chacun d'eux, faire tout ce qui sera nécessaire pour les entretenir en bon état et ne pourra les employer qu'aux usages auxquels leur nature les rend propres ou auxquels ils auraient été spécialement destinés.

Quant aux droits incorporels, l'usufruitier doit, par exemple, user des servitudes actives et prévenir ainsi la perte qui pourrait en résulter par la prescription. Il doit également renouveler les inscriptions hypothécaires des créances dont il a l'usufruit et agir pour obtenir le remboursement de celles qui sont devenues exigibles, soit afin d'empêcher la prescription de ces créances, soit afin d'en prévenir la caducité par l'insolvabilité qui pourrait survenir chez les débiteurs.

De l'obligation de jouir en bon père de famille découle directement celle de dénoncer au propriétaire les actes par lesquels un tiers pourrait attenter à ses droits (614). C'est ainsi que si l'on commet des usurpations sur le fonds soumis à l'usufruit, l'usufruitier devra non pas les arrêter, puisqu'il ne peut intenter que les actions relatives à la jouissance, mais avertir le propriétaire pour qu'il puisse prendre les précautions qu'exigeront les circonstances. Faute par lui de faire cette dénonciation, il devient responsable de tout le dommage qui peut en résulter pour le propriétaire. Le Code ne dit pas dans quel délai cette dénonciation doit être faite, mais nous pensons qu'il faut, pour suppléer à son silence, recourir à l'art. 1768 du Code civil, qui oblige le fermier à dénoncer au propriétaire les usurpations commises sur le fonds dans le délai des assignations, c'est-à-dire, de huit jours francs, plus un jour par trois myriamètres de distance entre la ferme et le domicile du bailleur (comp. Cod. de procéd. civ., art. 72, 73 et 1033).

III. L'usufruitier doit réparer la chose soumise à l'usufruit. Les articles 605, 606 et 607, Cod. civ., déterminent quelles sont les réparations qui sont à sa charge.

Et d'abord qu'entend-on par réparation?

« On entend par réparation tout ouvrage qu'on fait à une chose dé-

« gradée, afin d'en prévenir la ruine et de la remettre, dans l'état où
« elle doit être pour remplir convenablement les fonctions auxquelles
« elle est destinée. » (1) *Reficere est, quod corruptum est, in pristinum res-
taurare.* (L. 1 , § 6. *Dig. de rivis).*

Il y a deux sortes de réparations : les grosses réparations et les réparations d'entretien.

L'article 606 énumère les grosses réparations et désigne les autres
par voie d'exclusion.

« Les grosses réparations sont celles des gros murs et des voûtes,
« le rétablissement des poutres et des couvertures entières. Celui des
« digues et des murs de soutènement et de clôture aussi en entier. »

« Toutes les autres réparations sont d'entretien. » (606).

Il ne faudrait cependant pas s'attacher rigoureusement à la lettre de
la loi, et regarder comme réparations d'entretien certaines réparations à faire à des objets dont elle ne s'occupe pas, à des manufactures,
à des usines, par exemple. On devra alors se guider d'après l'analogie des dispositions de l'art. 606. (2)

1° Aux termes de l'art. 605, al. 1er, l'usufruitier est tenu aux réparations d'entretien, d'où il suit :

A. Que s'il ne remplit pas cette obligation, le propriétaire a une action
contre lui, soit pour le faire déclarer déchu de son droit (618, al. 1),
soit pour le contraindre à faire ces réparations. (3)

B. Que si à la fin de l'usufruit quelques-unes des réparations tombant à sa charge sont omises, le propriétaire a également une action
soit contre lui ou ses héritiers, soit contre la caution.

C. Que pendant la durée de l'usufruit ou après son extinction, l'u-
sufruitier ou ses héritiers ne pourraient se libérer en versant entre
les mains du propriétaire le paiement de l'estimation des réparations

---

1 Proudhon, n° 1612.
2 Ibid., n° 1625 et suiv.
3 Arrêt, cass. 27 juin 1825. (Sirey, I, 25, 18, 427).

qui sont à leur charge, parce que le créancier ne peut être contraint à recevoir une chose autre que celle qui lui est due (arg. art. 1243).

D. Enfin, que si le propriétaire a fait faire lui-même ces réparations, il a droit au remboursement de ses impenses contre l'usufruitier, ses héritiers ou la caution.

2° L'usufruitier est tenu en second lieu aux grosses réparations occasionnées par le défaut des réparations d'entretien depuis l'ouverture de l'usufruit (605, al. 2), et dans ce cas le propriétaire aura contre lui les mêmes actions que s'il s'agissait d'une simple réparation d'entretien.

Quant à l'ouverture de l'usufruit, dont parle notre article, il est clair que cela doit s'entendre de l'ouverture de fait, et non de l'ouverture de droit. Un homme se trouve sans le savoir légataire d'un droit d'usufruit. Ce droit sera bien ouvert par la mort du testateur, mais le légataire ne l'exercera pas et il serait contraire à toute raison de mettre à sa charge la réparation d'une chose dont il ne jouit pas, et dont il ne sait même pas avoir l'usufruit.

L'usufruitier peut-il se soustraire aux réparations que la loi met à sa charge en renonçant à son droit?

Pour celles qui ne sont pas encore nécessaires, la question ne peut faire aucun doute. Les obligations qui pèsent sur l'usufruitier étant plutôt réelles que personnelles, leur cause est dans sa jouissance et il pourra toujours s'en affranchir par l'abandon de cette jouissance.

Quant à celles qui sont nécessaires au moment de la renonciation, si les dégradations qui y donnent lieu ne sont qu'une suite de l'ordre naturel des choses, l'usufruitier devant, par le fait même de sa jouissance, remplir les obligations qui y sont attachées, ne pourra se dispenser de faire ces réparations qu'en faisant disparaître la cause qui y a donné lieu, c'est-à-dire, en restituant les fruits (1). Mais si ces réparations avaient été occasionnées par sa faute ou sa négligence, il ne

1 Proudhon, nᵒˢ 2190 et suiv.; Duranton, IV, nᵒ 623.

saurait s'en libérer même en restituant les fruits, et le propriétaire pourrait l'y contraindre par une action personnelle.

D'un autre côté l'usufruitier ne sera jamais tenu des réparations qui étaient déjà nécessaires lors de son entrée en jouissance. Il doit en effet, aux termes de l'art. 600, prendre les choses telles qu'elles se trouvent et son obligation se borne à les entretenir dans cet état. S'il en était autrement et qu'il dût, par exemple, faire aux immeubles les réparations nécessaires à l'ouverture de son droit, la disposition de la loi qui lui prescrit d'en constater l'état d'entretien au moyen d'une reconnaissance et qui établit contre lui, lorsqu'il n'aura pas rempli cette formalité, la présomption qu'il les a reçus en bon état, serait un non-sens, puisque dans tous les cas il devrait les rendre en bon état à la cessation de son droit. Tenons donc pour certain qu'il ne devra être tenu que des réparations qui deviennent nécessaires pendant la durée de sa jouissance.

Les grosses réparations, porte l'alinéa 2 de l'art. 605, qui n'ont pas été occasionnées par le défaut des réparations d'entretien, demeurent à la charge du propriétaire.

Les grosses réparations demeurent à la charge du propriétaire, mais est-il tenu de les faire?

Et d'abord est-il tenu de faire celles qui sont nécessaires à l'ouverture de l'usufruit? La négative ressort des termes mêmes de l'art. 600 qui, comme nous venons de le voir, porte que l'usufruitier doit prendre les choses dans l'état où elles se trouvent. D'un autre côté, il résulte de la nature de l'usufruit que l'usufruitier a simplement le droit de jouir de la chose en se mettant immédiatement en rapport avec elle; le rôle du propriétaire est un rôle passif, il doit laisser jouir et non faire jouir; il n'est donc pas tenu de livrer la chose en bon état de réparation. Telle était déjà l'opinion de Domat qui s'exprime ainsi : «Le propriétaire n'est pas tenu de refaire ou de remettre en bon état «ce qui se trouve ou démoli ou endommagé au temps que l'usufruit «est acquis, si ce n'est que ce fût par son fait ou qu'il fût chargé par

«le titre de remettre la chose en bon état ; mais l'usufruitier est res-
«treint au droit de jouir de la chose, en l'état qu'elle est quand ce
«droit lui est acquis, de même que celui qui acquiert la propriété
«d'une chose ne doit l'avoir que telle qu'elle était lorsqu'il l'a ac-
«quise» (1).

Il ne doit pas être tenu davantage de faire celles devenues nécessaires pendant la durée de l'usufruit. L'art. 605 dit bien qu'elles demeurent à sa charge, mais cette disposition n'est pas impérative. Ces
réparations demeurent à la charge du propriétaire pendant la durée
de l'usufruit; comme elles l'étaient à la charge avant son ouverture.
Or, il est clair qu'avant cette ouverture il n'était pas tenu de les faire ;
nul ne peut être contraint à réparer la chose (2).

Mais si le propriétaire n'est pas tenu aux grosses réparations qui, le
plus souvent, seront d'une grande utilité pour l'usufruitier, il est
juste que celui-ci puisse les faire lui-même et alors il aura, à la fin de
son usufruit, le droit de répéter contre le propriétaire le montant de
ses avances, sans pouvoir toutefois en réclamer l'intérêt; il aura même,
jusqu'à entier remboursement, un droit de rétention sur l'immeuble
réparé (3). On ne pourrait lui opposer l'art. 599, qui refuse à l'usufruitier, lors de la cessation de son droit, une indemnité pour les
améliorations qu'il prétendrait avoir faites, car des réparations ne sont
pas des améliorations, mais des dépenses nécessaires pour la conservation de la chose (4).

Du reste, si le propriétaire a fait volontairement les réparations qui
demeurent à sa charge, l'usufruitier peut exiger la jouissance de la chose
réparée sans être des intérêts de la somme déboursée. Il en serait
autrement, si l'usufruit portait sur un bâtiment qui aurait été entiè-

1 Domat, de l'usufruit, sect. 5, n° 5.
2 Toullier, III, n° 445; Duranton, IV, n°s 615 et 616; Proudhon, n° 1675. En sens
contraire, Delvincourt, Instit. du droit civ., t. Ier, p. 334.
3 Proudhon, n°s 1684 et suiv.
4 Toullier, III, n° 444.

rement détruit. Aux termes de l'art. 624, l'usufruitier perd son droit, il ne jouit même plus ni du sol, ni des matériaux, et l'usufruit ne renaîtrait pas sur le nouveau bâtiment que construirait le propriétaire (1).

Enfin, porte l'art. 607, « ni le propriétaire, ni l'usufruitier, ne sont « tenus de rebâtir ce qui est tombé de vétusté ou ce qui a été détruit « par cas fortuit. »

Pour le propriétaire, il est clair que, puisqu'il n'est pas tenu des grosses réparations ordinaires, il ne pourra pas, à plus forte raison, être forcé de rebâtir ce qui aura péri par vétusté ou cas fortuit.

Pour l'usufruitier, nous croyons que la disposition de cet art. 607 a pour but de restreindre ses obligations à réparer ce qui a été dégradé par suite de sa jouissance ou de l'ordre naturel des choses. Ainsi, par exemple, qu'un mur de clôture s'écroule en grande partie, par suite d'un vice du sol ou de construction, il y aura lieu à une réparation d'entretien, puisqu'il n'est pas tombé entièrement. Nous pensons cependant que l'usufruitier ne sera pas obligé de le reconstruire et que nous sommes dans le cas de l'art. 607.

Tout ce que nous venons de dire est la règle générale, et il est évident que les parties pourront s'en écarter par des conventions particulières. C'est ainsi que le propriétaire pourrait prendre à sa charge, soit les réparations nécessaires à l'ouverture de l'usufruit, soit celles qui pourraient le devenir pendant la jouissance de l'usufruitier, et que celui-ci pourrait s'obliger à faire les grosses réparations. En un mot, ils pourraient apporter aux règles tracées par la loi toutes les modifications qu'ils jugeraient à propos.

IV. « L'usufruitier est tenu de toutes les charges annuelles de l'héri-« tage, telles que contributions et autres, qui sont censées charges des « fruits (608). »

Il doit donc payer les impôts ordinaires, les frais de garde, de curage des fossés, etc., etc.

1 Duranton, IV, nos 618 et 619 ; Proudhon, no 1697.

Il est aussi tenu des centimes additionnels qui sont votés pour faire face aux dépenses des communes et du département, ainsi que des charges, même extraordinaires, qui ne portent que sur les fruits, telle qu'une réquisition de denrées frappée par un corps d'armée ou dans un temps de troubles civils (1).

Quant aux charges extraordinaires qui peuvent être imposées sur la propriété pendant la durée de l'usufruit, telles qu'une subvention de guerre, un emprunt forcé, etc., l'art. 609 C. c, nous indique la manière dont le propriétaire et l'usufruitier doivent y contribuer respectivement.

« Le propriétaire est obligé de les payer et l'usufruitier doit lui tenir « compte des intérêts.»

« Si elles sont avancées par l'usufruitier, il a la répétition du capi- «tal à la fin de l'usufruit» (609).

Et cela est on ne peut plus juste : la raison de cette disposition de la loi est en effet bien facile à concevoir. Les charges qui pèsent sur un fonds ne sont pas seulement imposées sur la propriété, abstraction faite de la jouissance, mais bien sur la pleine propriété. Or, dans ce cas, la pleine propriété se trouvant divisée entre le propriétaire et l'usufruitier, il est clair qu'ils doivent supporter les charges, chacun en proportion de son droit. Le propriétaire devra donc y contribuer pour le capital et l'usufruitier pour les intérêts qui représentent la jouissance.

Il résulte également des termes de l'art. 609 qu'il ne s'agit ici que de charges imposées pendant la durée de l'usufruit; car, si elles avaient été créées avant la constitution du droit de l'usufruitier, le propriétaire serait seul tenu du capital et des intérêts.

V. «L'usufruitier doit contribuer au paiement des dettes de la suc- « cession de la personne de qui il tient son droit. »

De la combinaison des art. 1003, 1004 et 1010 C. c., au titre des

1 Duranton, IV, n° 623.

donations et testaments, il résulte : 1° qu'un legs est universel quand il embrasse l'universalité des biens du testateur, ou du moins tous ceux dont la loi lui permet de disposer ; 2° qu'il est à titre universel, quand il porte sur une quote-part de cette universalité ou de cette quotité disponible, ou sur tous les meubles ou sur tous les immeubles, ou sur une quote-part de ces meubles ou de ces immeubles ; 3° qu'il est à titre particulier, quand il n'est ni universel, ni à titre universel. Suivant cette distinction, un legs d'usufruit universel est celui qui s'étend à l'universalité des biens du constituant ou à tous ceux dont il pouvait disposer ; il sera à titre universel quand il ne portera que sur une quote-part de tous ces biens ou de la quotité disponible, ou de tous les meubles ou de tous les immeubles, ou d'une quote-part des uns ou des autres ; et enfin il sera particulier, quand cette jouissance ne portera que sur des objets spécialement déterminés.

Quand la loi, dans les art. 1003, 1004 et 1010, parle de l'universalité d'une quote-part de cette universalité, etc., il est clair qu'il s'agit de la pleine propriété. Donc, un legs d'usufruit s'étendait-il à l'universalité du patrimoine du testateur, ne portant jamais que sur la jouissance, sera toujours un legs à titre particulier. Or, aux termes des articles 1009, 1012 et 1024 Cod. civ., les légataires universels et à titre universel sont seuls tenus des dettes de la succession, et ils en sont tenus quant au capital et quant aux intérêts, puisqu'ils prennent la pleine propriété ; le légataire à titre particulier ne doit rien. Donc le légataire d'un usufruit, quelqu'étendu que soit son droit, n'étant jamais qu'un légataire à titre particulier, on ne pourra rien lui demander, du moins quant au capital. Nous disons quant au capital, car le législateur n'a pas voulu qu'il fût affranchi du paiement des intérêts, lesquels sont de véritables charges de la jouissance et la représentent. Appliquant donc à l'usufruitier, pour le paiement des intérêts des dettes, les règles tracées aux articles 1009 et 1012 pour le paiement total de ces dettes, la loi veut que de même que les légataires universels ou à titre universel de la pleine propriété doivent les acquitter tant en capital qu'intérêts, dans la proportion qu'ils prennent dans l'universalité des biens, de même les légataires d'un usufruit universel ou à titre universel en paient les intérêts, aussi dans la proportion de la part qu'ils prennent dans l'universalité de la jouissance (612).

Ainsi, si l'usufruit s'étend à tous les biens du testateur ou à une quote-part de ces biens, au tiers, au quart, par exemple, l'usufruitier devra les intérêts de toutes les dettes ou seulement du tiers ou du quart. Si son droit porte sur la quotité disponible, comme cette quotité peut être, selon la qualité et le nombre des héritiers réservataires, des trois quarts, de la moitié, du tiers ou du quart (comp. 913, 915), il devra les trois quarts, le tiers, la moitié ou le quart des intérêts. Mais si l'usufruit porte sur les meubles ou sur les immeubles, ou sur une quote-part des uns ou des autres, alors seulement il sera nécessaire, pour déterminer dans quelle proportion l'usufruitier contribuera au paiement des intérêts, de recourir au moyen indiqué par l'art. 612. On estimera non-seulement les biens soumis à l'usufruit, mais tous les biens faisant partie du patrimoine, et de cette manière on connaîtra facilement la valeur des biens grevés, eu égard à la valeur totale, et partant la part que l'usufruitier devra supporter dans le paiement des intérêts.

Lorsque l'on sera ainsi arrivé à connaître la part tombant à la charge de l'usufruitier dans le paiement des intérêts, on se conformera, pour la manière de l'effectuer, à l'un des trois modes tracés dans l'art. 612. Si l'usufruitier veut avancer la somme pour laquelle les fonds soumis à l'usufruit doivent contribuer, le capital lui en est restitué à la fin de l'usufruit sans aucun intérêt; s'il ne veut pas faire cette avance, le propriétaire a le choix ou de payer cette somme, et dans ce cas l'usufruitier lui tient compte des intérêts pendant la durée de l'usufruit, ou de faire vendre, jusqu'à due concurrence, une portion des biens grevés (612).

L'usufruitier doit en outre acquitter les arrérages des rentes viagères et les pensions alimentaires dues par le constituant (610, C. c.) dans la même proportion que les intérêts des dettes.

Tout ce que nous venons de dire s'applique non-seulement au légataire d'un usufruit universel ou à titre universel, mais bien à tout acquéreur d'un pareil usufruit à titre gratuit, à un donataire, à un successeur légitime. Il n'en serait pas de même de l'acquéreur à titre onéreux ; ainsi, quand je vous achète l'usufruit de tout ou partie de vos biens, je ne dois pas payer l'intérêt de vos dettes, à moins toutefois que je m'y sois expressément soumis par le titre constitutif.

Comme nous l'avons vu plus haut, le légataire à titre particulier de la propriété n'est jamais tenu des dettes de la succession du testateur (871-1024), pas même de celles auxquelles le fonds qu'il reçoit est hypothèqué (arg. 874), de même le légataire d'un usufruit à titre particulier ne sera pas tenu au paiement des intérêts de ces dettes (611). Mais comme l'art. 2169 du Code civil donne aux créanciers hypothécaires le droit de faire vendre l'immeuble hypothèqué à leur créance, en quelque main qu'il se trouve, il peut arriver que l'usufruitier soit dans l'alternative ou d'abandonner son usufruit ou de payer le capital et les intérêts de la dette (2168). Si, pour conserver la jouissance du fonds, il préfère acquitter cette dette, il est clair, puisqu'il ne doit rien, qu'il aura son recours contre le propriétaire pour tout ce qu'il aura déboursé. Il ne pourra toutefois jamais forcer l'héritier à affranchir le fonds soumis à l'usufruit, à moins que celui-ci n'en ait été chargé par une clause expresse du testament, conformément à ce qui est dit à l'art. 1020 du Code civil, cas auquel il devra être remis à l'usufruitier libre de toutes charges et hypothèques.

VI. L'usufruitier doit supporter tout ou partie des frais du procès intenté à l'occasion des biens soumis à l'usufruit.

1° Lorsque l'usufruit aura été établi à titre gratuit, il faut distinguer si le procès a pour but seulement la nue-propriété ou la jouissance, ou bien la pleine propriété. Si le procès ne concerne que la nue-propriété, l'usufruitier ne sera jamais tenu de contribuer aux frais : c'est ce qui résulte clairement de l'argument *a contrario* de l'art. 613. Si, au contraire, il ne concerne que la jouissance, tous les dépens qu'il pourra entraîner retomberont sur lui (613) (1); cet article ajoute que l'usufruitier devra en outre supporter les autres condamnations auxquelles ce procès pourrait donner lieu. C'est ainsi que, s'il cause du dommage sur le fonds voisin, dans l'exercice de son droit, il devra supporter seul toutes les réparations qui seront accordées à la partie lésée.

Lorsque le procès a rapport à la fois et à la nue-propriété et à la jouissance, il faut établir une nouvelle distinction. Ou il a été gagné, ou il a été perdu. Dans le premier cas, le propriétaire et l'usufruitier en profitant, l'un quant à la propriété, l'autre quant à la jouissance, devront supporter, chacun en ce qui le concerne, les frais qui retomberont sur eux par suite de l'insolvabilité de la partie condamnée, c'est-à-dire que le propriétaire devra en payer le capital, et l'usufruitier les intérêts, pendant la durée de sa jouissance (arg. art. 609), et cela lors même que l'un deux seulement aurait figuré dans l'instance (2). Dans le second cas, quand le procès a été perdu, si un seul était en cause, il devra tous les frais, car il aura compromis les intérêts de l'autre sans mandat de sa part, et il est juste qu'il soit puni de sa témérité (3). Mais si tous deux sont en cause, ils devront supporter les dépens comme il est dit à l'art. 609, le propriétaire pour le capital et l'usufruitier pour les intérêts. Néanmoins, lorsque la perte du procès entraînera l'extinction de l'usufruit, le propriétaire et l'usufruitier devront supporter les frais par portion virile (4).

2° Quand l'usufruit aura été établi à titre onéreux, on devra se conformer aux principes généraux en matière de garantie, c'est-à-dire

1 Proudhon, n° 1750.
2 Proudhon, n° 1762.
3 Ibid., n° 1747.
4 Zachariæ, II, p. 21.

que le constituant devra seul être tenu de tous les frais, puisque, par le fait même de la constitution, il a dû s'obliger à garantir à l'acquéreur le libre exercice de son droit (comp. art. 1625 et suiv., 1693 et suiv., C. civ.).

CHAPITRE II.

De l'extinction de l'usufruit.

I. L'usufruit est de sa nature un droit purement personnel; incessible par acte entre-vifs ou par voie de l'hérédité, il s'éteindra donc nécessairement par la mort de celui au profit duquel il aura été constitué, cette mort arrivât-elle avant le terme fixé pour sa durée par l'acte constitutif.

A la différence de la rente viagère, l'usufruit s'éteint non-seulement par la mort naturelle, mais encore par la mort civile de l'usufruitier (comp. 1982, 617). Ainsi, si la condamnation à la peine emportant mort civile, est contradictoire, il cessera du jour de son exécution réelle ou par effigie (26); si elle est par contumace, du jour où expireront les cinq années qui ont suivi l'exécution du jugement par effigie (27). L'usufruit ainsi éteint ne revivrait pas au profit de l'usufruitier dans le cas où il viendrait à recouvrer la jouissance de ses droits civils (art. 30). Cependant, s'il avait été donné ou légué à titre d'aliments avant la mort civile, nous pensons que le condamné pourrait le conserver jusqu'à concurrence de ce qui serait nécessaire à ses besoins (comp. art. 25, al. 3) (1).

La règle que l'usufruit est éteint par la mort civile de l'usufruitier, cesserait d'être applicable dans le cas où il aurait été constitué pour toute la vie naturelle de celui-ci (2).

1 Proudhon, n° 1976.
2 Duranton, IV, n° 651 ; Delvincourt, liv. 2, note 5, tom. Ier, p. 385.

En cas d'absence déclarée de l'usufruitier, l'usufruit ne sera pas résolu de plein droit; mais le propriétaire pourra, en vertu de l'art. 123 du Code civil, demander de rentrer provisoirement dans la jouissance de ses biens. Toutefois, si l'absent était marié sous le régime de la communauté, et que son conjoint en voulût la continuation, l'envoi en possession provisoire n'ayant pas lieu (124), le propriétaire ne rentrera dans ses fonds, sans prouver le décès de l'absent, qu'après trente ans, depuis l'époque où l'époux présent aura pris l'administration des biens de ce dernier, ou lorsqu'il se sera écoulé cent ans depuis sa naissance (129) (1).

Lorsqu'un droit de propriété a été légué a plusieurs conjointement, le refus ou l'incapacité de l'un des légataires de recueillir sa part donne lieu au droit d'accroissement au profit de ses colégataires, pourvu que cette incapacité ou ce refus soit arrivé avant la mort du testateur. Il doit en être de même lorsqu'il s'agit d'un legs d'usufruit, car le législateur n'a établi aucune distinction à cet égard, et l'on doit rejeter les règles du Droit romain, d'après lesquelles l'accroissement était encore possible, lors même que le legs avait été recueilli (l. 1, § 3, Dig. de usuf. adcresc.). Mais lorsqu'une disposition formelle du titre constitutif appellera les usufruitiers survivants à profiter des portions des usufruitiers défaillants, et que d'ailleurs la chose ne sera pas susceptible d'être divisée sans détérioration, l'usufruit restera entier dans la main des usufruitiers survivants, et il ne s'éteindra que par la mort du dernier d'eux. (2)

Dans tous les cas où l'usufruit est éteint par la mort de l'usufruitier, s'il y a contestation sur le point de savoir s'il est réellement décédé, c'est au propriétaire à faire cette preuve.

Selon le Droit romain (l. 56, Dig. de usuf.), et aussi sous l'empire de nos anciennes lois (3), l'usufruit établi au profit d'une personne.

1 Duranton, IY, n° 649.
2 Ibid. IV, n°ˢ 496 et suiv., 655 et suiv.; Toullier, III, n° 448.
3 Lacombe, v° usufruit., sect. 6, n° 7.

morale durait cent ans. Notre Code a rejeté cette disposition et a limité cette durée à trente ans, sans que les parties puissent, même par une convention formelle, outrepasser ce laps de temps. Ce délai de trente ans est pour cette espèce d'usufruit ce que la mort est pour l'usufruit établi au profit de l'homme ; et du reste, adopter une opinion contraire, ce serait consacrer jusqu'à un certain point la division perpétuelle de la propriété.

Toutefois, l'usufruit établi au profit d'une personne morale serait soumis aux causes ordinaires d'extinction : c'est ainsi que, s'il appartenait à un établissement public, il s'évanouirait avec la suppression de cet établissement ; il cesserait également si la chose grevée venait à périr, etc., etc.

II. Lorsque l'usufruitier d'un fonds en acquiert la propriété, l'usufruit cesse, car la condition essentielle à son existence, la séparation de la jouissance et de la nue-propriété disparaît. Son droit de jouir, l'usufruitier ne l'exerce plus à ce titre, mais à titre de propriétaire ; ce n'est plus un droit séparé, mais un attribut de la propriété. On dit alors qu'il y a consolidation, et en effet la jouissance, qui précédemment pouvait s'évanouir entre les mains de l'usufruitier par des causes nombreuses, lui appartient désormais d'une manière absolue ; elle se trouve consolidée. Il importe peu, du reste, à quel titre la propriété ait été acquise, que ce soit à titre gratuit ou à titre onéreux ; il y aura toujours consolidation.

Quand l'acquisition que l'usufruitier a faite de la nue-propriété, laquelle a opéré l'extinction de l'usufruit par consolidation, vient à être annulée ou rescindée, par exemple, par l'effet d'une nullité dont se trouve entaché le titre de transmission, etc., ou que l'usufruitier se trouve évincé par suite de l'expropriation faite à la requête des créanciers du vendeur, il est clair que l'usufruit sera censé n'avoir jamais été éteint, et il continuera d'exister commera auparavant (1).

1 Arg. art. 2177; Duranton, IV, n° 667; Toullier, III, n° 456; Proudhon, n°s 2061-2075.

Il en serait ainsi dans le cas même où l'usufruitier qui se serait rendu acquéreur de la nue-propriété, sous faculté de rachat, n'aurait pas fait la réserve de son usufruit. Le propriétaire venant à exercer le rachat, ne reprendra que la nue-propriété, qui, seule avait été vendue et l'usufruitier recouvrera son droit (1).

L'usufruit est un droit divisible qui peut s'acquérir, se conserver et se perdre par parties (l. 5, tit. 1, Dig. de usufructu) ; d'où il suit évidemment, que si l'usufruitier n'acquiert qu'une partie de la nue-propriété, l'extinction par consolidation ne s'opérera que pour cette partie.

III. Lorsque l'usufruit aura été constitué pour un certain temps, l'arrivée du terme le fera cesser de plein droit (617, al. 3). S'il devait durer jusqu'à ce qu'un tiers ait atteint un certain âge, il ne s'éteindrait pas par la mort de ce tiers avant cet âge, mais seulement à l'arrivée de l'époque où le tiers aurait atteint l'âge déterminé, s'il avait continué de vivre (620) ; car il est plus probable qu'on ait voulu prendre pour terme un certain nombre d'années que la vie d'une personne, *non ad vitam hominis respexit, sed ad certa curricula* (2). Cette disposition ne serait point applicable à l'usufruit que la loi (384) accorde aux père et mère sur les biens de leurs enfants mineurs jusqu'à l'âge de 18 ans ou jusqu'à leur émancipation ; il s'éteindra toujours par la mort de l'enfant arrivée avant cet âge ou cette émancipation, car cette jouissance n'étant qu'un attribut de la puissance paternelle devra nécessairement disparaître avec elle (3).

L'usufruit établi jusqu'à la mort d'une personne cesse également de plein droit par l'arrivée de cette mort ; mais il ne serait pas éteint par la mort civile de cette personne, laquelle n'est qu'un cas extraordinaire auquel les parties ne sont pas censées avoir songé lors de la constitution (4).

---

1 Duranton, IV, n° 670.
2 Id. n° 600 ; Proud'hon, n° 2046.
3 Duranton, IV, n° 662 ; Toullier, III ; n° 451.
4 Proud'hon, n° 2045 ; Duranton, IV, n° 659 ; Toullier, III, n° 450.

Dans tous les cas où un terme a été fixé à la durée de l'usufruit, ce terme n'est pas un point qu'il doive atteindre, c'est un point qu'il ne peut dépasser. Ainsi, il est évident qu'il cesserait si, avant l'arrivée de l'époque déterminée, il survenait une autre cause d'extinction, la perte de la chose, par exemple, ou encore si l'usufruitier venait à mourir ; car, c'est un droit personnel qui doit s'éteindre avec la vie de celui qui en est revêtu, et on ne pourrait lui assigner une durée plus longue (1).

IV. L'usufruit s'éteint, en quatrième lieu, par l'événement de la condition expresse ou tacite sous laquelle il a été constitué, et, dans ce cas encore, il cesserait de plein droit par la mort de l'usufruitier arrivée avant l'accomplissement de cette condition.

V. Nul ne peut conférer sur une chose des droits plus étendus que ceux qu'il y a lui-même ; d'où il résulte que la résolution des droits du constituant sur le fonds soumis à l'usufruit, fera disparaître l'usufruit lui-même : *resoluto jure concedentis , resolvitur jus concessum*. Toutefois il n'en sera ainsi que lorsque le droit du constituant sera brisé *ex antiqua causa,* c'est-à-dire par une cause existant antérieurement à la constitution. Si ce droit n'était résolu que par une cause survenue après l'établissement de l'usufruit, par exemple, par l'aliénation que le propriétaire aurait faite, ou par l'effet d'hypothèques qu'il aurait consenties depuis cet établissement, il est clair que l'usufruit ne pourrait être atteint et qu'il continuera de subsister ; le propriétaire n'avait que la nue-propriété , ce n'était donc que de la nue-propriété qu'il pouvait disposer (621).

Il est cependant un cas où, malgré la révocation des droits du constituant sur le fonds grevé, l'usufruit ne serait point éteint, c'est lorsque ce fonds lui proviendra d'une donation et que postérieurement à la constitution cette donation sera révoquée pour cause d'ingratitude. L'art. 958 du Code civil est en effet ainsi conçu : «La

1 Proudhon, n° 1965 ; Duranton , IV, n° 661.

«révocation pour cause d'ingratitude ne préjudiciera ni aux aliénations
«faites par le donataire, ni aux hypothèques ou autres charges réelles
«qu'il aura imposées sur l'objet de la donation, pourvu que le tout
«soit antérieur à l'inscription qui aurait été faite de l'extrait de la de-
«mande en révocation, en marge de l'acte de transcription (arg. 939).»
Cette disposition de la loi est juste, car l'on n'a pas dû prévoir, lors
de la constitution, que le donataire se rendrait coupable d'ingratitude
et il ne fallait pas étendre la punition qui le frappe à des tiers qui
avaient traité de bonne foi (1).

L'usufruit concédé par l'héritier présomptif d'un absent continue-
rait aussi de subsister, malgré le retour de celui-ci, après l'envoi en
possession définitive (arg. art. 132).

VI. L'usufruit s'éteint en sixième lieu par la perte de la chose, *est
enim jus in corpore, quo sublato et ipsum tolli necesse est (l. 2., Diy. de usufructu)*, mais pour qu'il disparaisse complètement, il faut que la perte
soit totale, car si une partie seulement périssait, l'usufruitier conser-
verait son droit sur le reste (art. 617, 623 C. c.).

Lorsque l'usufruit ne porte que sur un bâtiment et que ce bâtiment vient à être détruit par un incendie ou un autre accident, ou
qu'il s'écroule de vétusté, il s'éteint absolument; où il n'y a plus d'objet, il ne saurait plus y avoir de droit. L'usufruitier n'aura même plus
la jouissance du sol ni des matériaux, et son droit ne pourrait revivre
sur le nouveau bâtiment que le propriétaire reconstruirait sur le même
emplacement que par l'effet d'une nouvelle constitution (2). Si la re-
construction a été faite par l'usufruitier, on appliquera la disposition
de l'art. 555 du Code civil, et le propriétaire, s'il veut conserver le
nouveau bâtiment, devra lui rembourser les sommes qu'il aura dépen-
sées, ou bien celui-ci sera tenu d'enlever à ses frais les matériaux. Mais
si le bâtiment n'était tombé que petit à petit et que les reconstruc-

1 Duranton, IV, n° 692; Proudhon, n° 2514.
2 Duranton, IV, n° 679.

tions eussent été faites au fur et à mesure qu'elles devenaient nécessaires, qu'ainsi au bout d'un certain temps il ne restât même aucun
des matériaux qui le composaient primitivement, l'usufruit auquel
il était soumis, ne sera pas éteint, bien que de fait ce bâtiment ne
soit plus le même (1).

Quand la jouissance porte sur un domaine dans lequel se trouvent
un ou plusieurs bâtiments et que tous ou quelques-uns seulement
viennent à être détruits, l'usufruitier conserve son droit sur le reste du
domaine et même sur le sol et les matériaux des bâtiments détruits.
L'usufruit, en effet, ne frappe pas sur chaque partie du domaine en
particulier, mais sur le domaine dans son ensemble ; ce domaine existe
toujours après la destruction des bâtiments et il continue d'être soumis à l'usufruit dans l'état où il se trouve alors (624, al. 2).

On devra assimiler à la perte totale de la chose le changement de
forme qui en aurait altéré la substance ou changé la nature. Néanmoins si ce changement n'était que temporaire, l'usufruit renaîtrait
si la chose reprenait son état primitif, pourvu toutefois que dans l'in-
tervalle, il ne se fut pas écoulé un temps suffisant pour qu'il pût être
éteint par le non-usage (2) (arg. art. 704).

Sous l'empire des lois romaines, l'usufruit portant sur un troupeau
était éteint quand il ne restait plus qu'un nombre de têtes inférieur
à celui qui était nécessaire pour former ce troupeau (3). Chez nous,
il en est autrement : l'usufruit établi sur un troupeau ne cesse que
lorsque ce troupeau a entièrement péri. S'il n'a péri qu'en partie,
l'usufruitier doit remplacer, jusqu'à concurrence du croît, les têtes
qui manqueraient (616).

VII. La constitution d'un droit d'usufruit sur un immeuble confère
à l'usufruitier des droits sur cet immeuble et impose au propriétaire
l'obligation de le laisser jouir, obligation qui doit être considérée

1 Duranton, n° 680 ; l. 10, Dig. quib. mod. ususf. amit.
2 Duranton, IV, n° 687.
3 L. ult. Dig. de abigeis.

comme une véritable dette, et à laquelle il peut être contraint par une action personnelle. Or, si pendant trente ans l'usufruitier n'a pas exercé ces droits ou ne les a pas réclamés, la loi le déclare déchu et le propriétaire libéré recouvre la jouissance de son fonds (617, al. 4, 2262). Donc premièrement l'usufruit est éteint par le non-usage pendant trente ans. Il s'éteint également par la prescription de dix et vingt ans. Ainsi un tiers a acquis par un juste titre et de bonne foi la pleine propriété d'un immeuble d'une personne qui n'en était pas propriétaire ; aux termes de l'art. 2265 du Code civil, il aura prescrit cette pleine propriété par le laps de dix ou vingt ans. Supposons maintenant que ce fonds soit grevé d'un droit d'usufruit et que l'usufruitier, après dix ou vingt ans seulement, selon les cas, vienne réclamer son droit ; le tiers qui ignorait l'existence de cet usufruit sera-t-il non recevable à opposer la prescription ? On ne pourrait rationnellement le décider ainsi ; car le tiers acquéreur, qui aurait pu prescrire la propriété, aura à plus forte raison prescrit l'usufruit qui n'en est qu'une partie (1) *non debet cui plus licet, quod minus est, non licere (l.* **21**, *Dig. de reg. jur.).*

Du reste, l'usufruitier ne perdra ainsi son droit par le non-usage que lorsqu'il ne sera intervenu de sa part aucun acte de suspension ou d'interruption ; ou bien lorsqu'il ne sera pas au nombre des personnes privilégiées contre lesquelles la prescription ne court pas ; ou enfin lorsqu'il n'aura joui ni par lui-même, ni par le fait d'un autre, car si mon ayant-droit, par exemple, un acquéreur, un fermier jouit du fonds dont j'ai l'usufruit, on ne pourra pas dire qu'il y a non-usage : et il en serait ainsi lors même que celui qui jouirait, le ferait à mon insçu ou sans ordre de moi (2).

Si l'usufruit porte sur un objet mobilier, il cesse dès l'instant où un tiers possède cet objet de bonne foi. Si la chose a été perdue ou volée,

---

1 Toullier, III, n° 458 ; Duranton, IV, n° 473 ; Proudhon, n°ˢ 2123 et suiv.
2 Proudhon, n° 2109 ; l. 38, tit. Iᵉʳ, Dig. de usufructu.

l'usufruit ne sera éteint qu'à la fin de la troisième année, à partir du jour de la perte ou du vol, si la revendication n'a pas été exercée dans ce délai (comp. art. 2279 C. c.).

VIII. L'usufruitier majeur et ayant la libre disposition de ses biens, peut renoncer à son droit, et alors encore il y a extinction de l'usufruit. Toutefois, cette renonciation n'aura d'effet qu'autant qu'elle sera expresse, c'est-à-dire, qu'elle résultera d'une clause attestant clairement la volonté de l'usufruitier (621). Elle pourra, du reste, toujours être attaquée par les créanciers, au moyen de l'action révocatoire, quand elle aura été faite au préjudice de leurs droits (comp. 622, 1167, 2092, 2093.)

Lorsque la renonciation est gratuite, le simple préjudice impliquera fraude de la part de l'usufruitier, et l'action révocatoire sera ouverte (1167). Il n'est pas nécessaire, en effet, pour qu'un débiteur soit argué d'intention frauduleuse qu'il ait agi afin de nuire à ses créanciers, il suffit qu'il ait su qu'il leur nuisait; or, dans le cas dont il s'agit ici, il y a évidemment mauvaise foi de la part de l'usufruitier qui, déjà insolvable, renonce gratuitement à son droit, car il est censé connaître son état d'insolvabilité, et savoir que par là il diminue les sûretés de ses créanciers (1). Si la renonciation est à titre onéreux, l'action révocatoire n'est ouverte qu'autant que le propriétaire acquéreur aura été complice de l'intention frauduleuse de l'usufruitier, et la preuve de cette complicité résultera suffisamment de la connaissance qu'il avait de l'insolvabilité de celui-ci (2). Dans tous les cas, les créanciers ne pourront attaquer utilement la renonciation que lorsqu'elle sera d'une date postérieure à l'établissement de leurs créances D'un autre côté, le propriétaire, au profit duquel elle aurait été faite, pourra les désintéresser en leur donnant des garanties suffisantes du paiement de leurs créances.

L'action révocatoire une fois admise, entraîne la révocation *ex tunc*

1 Lib. L, tit. 17, l. 79, Dig. de reg. jur.
2 Lib. XLII, tit. 8, ll. 1 et 6, § 8, Dig. quæ in fraud. credit.

de l'acte attaqué, à charge néanmoins de restitution de ce qui a tourné au profit des créanciers, lesquels ne doivent pas s'enrichir au profit de la personne qui a traité avec le débiteur, et sauf l'application de l'article 549 du Cod. civ. au possesseur de bonne foi en ce qui concerne la restitution des fruits. (1)

IX. L'usufruit s'éteint aussi par l'abus que l'usufruitier fait de sa jouissance. Dans ce cas, l'extinction n'a pas lieu de plein droit; elle doit être prononcée par les tribunaux, auxquels appartient également la souveraine appréciation des faits qui pourraient y donner lieu (618 al. 1). Suivant la gravité de ces faits, les juges pourront ou prononcer l'extinction absolue de l'usufruit, ou n'ordonner la rentrée du propriétaire dans la jouissance de l'objet grevé que sous la charge de payer annuellement à l'usufruitier, ou à ses ayant-cause, une somme déterminée, jusqu'à l'instant où l'usufruit aurait dû cesser (618 al. 3). Toutefois, comme les créanciers peuvent, aux termes de l'article 1166 du C. c., exercer les droits et actions de leur débiteur, la loi (618 al. 2) donne à ceux de l'usufruitier, dont les créances seraient antérieures à la demande en instance, la faculté d'intervenir, et s'ils offraient de réparer les dégradations commises et des garanties pour l'avenir, l'extinction de l'usufruit ne devrait pas être prononcée.

Cette disposition, à laquelle n'échappent pas les père et mère en leur qualité d'usufruitiers des biens de leurs enfants (comp. 384), ne devra cependant leur être appliquée qu'autant qu'ils se seront rendus coupables d'abus d'une nature très-grave, attendu qu'on devrait les priver aussi de la tutelle (arg. 444). Dans ce cas, l'action doit être intentée par le subrogé tuteur (2) (comp. 420, 446.)

X. L'usufruit s'éteint, enfin, par l'expropriation pour cause d'utilité publique. (1)

1 LL. 7 et 8, Dig. quæ in fraud. credit.
2 Proudhon, n° 2425.
3 Loi du 3 mai 1841, art. 39.

De toutes les causes d'extinction que nous venons d'examiner, quatre seulement sont applicables au quasi-usufruit.

Ce sont :

1º La mort naturelle ou civile de l'usufruitier ;

2º L'expiration du terme marqué par la loi ou par les parties ;

3º La renonciation de l'usufruitier ;

Et 4º l'accomplissement de la condition, à laquelle était soumise la restitution.

DROIT ADMINISTRATIF.

DÉROGATION AU PRINCIPE

QUE LES PRÉFETS N'ONT PAS DE JURIDICTION.

Séparation de l'administration pure et de l'administration contentieuse, tel est le principe consacré par la loi du 28 pluviose an VIII,
la dernière qui ait trait à l'organisation de l'administration départe-
mentale. L'article 2 de cette loi porte :

« Il y aura dans chaque département un préfet, un conseil de pré-
« fecture et un conseil général de département, lesquels rempliront
« les fonctions exercées maintenant par les administrations et commis-
« saires de département.

« Le Préfet sera seul chargé de l'administration (art. 3 même loi).

« Le contentieux est dévolu aux conseils de préfecture (art 4 ibid).

« Remettre le contentieux de l'administration à un conseil de pré-
« fecture a paru nécessaire pour ménager au préfet le temps que de-
« mande l'administration; pour garantir aux parties qu'elles ne seront
« pas jugées sur des rapports et des avis de bureaux; pour donner à la

7

« propriété des juges accoutumés au ministère de la justice, à ses
« règles, à ses formes ; pour donner tout à la fois à l'intérêt particu-
« lier et à l'intérêt public la sûreté qu'on ne peut guères attendre d'un
« jugement rendu par un seul homme ; car cet administrateur qui
« balance avec impartialité les intérêts collectifs, peut se trouver pré-
« venu et passionné quand il s'agit de l'intérêt d'un particulier et être
« sollicité par ses affections et ses haines personnelles à trahir l'intérêt
« public et à blesser les droits des particuliers. » (Monit., 19 pluv. an 8.)

Le préfet est donc essentiellement administrateur ; il est l'instru-
ment du pouvoir dans sa transmission du roi qui en est le centre,
aux administrés qui sont aux extrémités. Comme tel, il exerce une autorité propre et agit par voie de commandement. Tout pouvoir de juridiction lui est généralement refusé. Il se trouve cependant dans cer-
tains cas appelé à rendre tantôt seul, tantôt en conseil de préfecture des
décisions auxquelles il serait difficile de dénier le caractère de décisions du contentieux administratif. En effet, qu'une contestation s'é-
lève entre l'intérêt public ou social et l'intérêt privé qui résiste ou
qui réclame, ou bien entre deux intérêts privés, à l'occasion d'un intérêt général et que le préfet prononce après avoir pris des informations, recueilli des témoignages, entendu les contradicteurs ou les
avoir du moins préalablement appelés ; que d'autre part sa décision
soit susceptible d'un recours qui aboutit au conseil d'État ; nul doute
qu'il aura exercé une véritable juridiction.

Telles sont les décisions qu'il est appelé à rendre dans les cas sui-
vants :

1º Le décret du 4 juillet 1806 (art. 28) porte que la connaissance
de toutes les difficultés qui pourraient naître au sujet des réglements
pour les prix de course de chevaux, est réservée aux maires des lieux
pour le provisoire, et aux préfets pour la décision définitive, sauf le
recours en notre conseil d'État.

2º Aux termes de l'art. 59 de la loi du 21 avril 1810, si un propriétaire, sur le fonds duquel existe un minérai de fer d'alluvion, refuse

de l'exploiter en quantité suffisante pour fournir aux besoins des usines du voisinage, les maîtres de forges ont la faculté d'exploiter à sa place, à la charge de remplir les conditions exigées par la loi (art. 60 ibid.). En cas de concurrence entre plusieurs maîtres de forges pour l'exploitation dans un même fonds, le préfet détermine sur l'avis de l'ingénieur des mines, les proportions dans lesquelles chacun d'eux pourra exploiter, sauf le recours au conseil d'État. Le préfet règlera de même les proportions dans lesquelles chaque maître de forges aura droit à l'achat du minérai, s'il est exploité par le propriétaire (art. 64 ibid.).

3° D'après le décret du 15 octobre 1810 (art. 7), le préfet est appelé à statuer sur les demandes en autorisation d'établissements incommodes ou insalubres de seconde classe, sauf le recours au conseil d'État, par toutes les parties intéressées.

4° Les contestations relatives au paiement des fournitnres faites pour le compte du gouvernement entre les particuliers et les agents du gouvernement sont de la compétence des préfets (arrêté du gouvernement du 19 thermidor an X, art. 1er).

5° A défaut de paiement par les acquéreurs de biens nationaux, la déchéance est prononcée par les préfets, sur la demande des préposés de l'administration. (Ord. 11 juin 1817, art. 1er).

Dans tous ces différents cas et encore dans quelques autres, le préfet prononce seul; mais il en est d'autres où il ne peut statuer qu'après avoir préalablement consulté le conseil de préfectnre. Ainsi:

1° Toutes les fois qu'un débitant de boissons veut convertir en abonnement le droit de détail dont il est estimé passible, s'il ne tombe pas d'accord avec la régie pour fixer le taux de cet abonnement, le préfet en conseil de préfecture prononcera, sauf le recours au conseil d'État (loi du 28 avril 1816, art. 70).

2° Le préfet prononcera également en conseil de préfecture, sauf le recours au conseil d'État, lorsque la régie ne sera pas d'accord avec les débitants de boissons d'une même commune sur la fixation du taux de l'abonnement collectif entre tous les débitants de cette commune et la régie, à l'effet de remplacer la perception du droit de détail par exercice, au moyen d'une somme déterminée (même loi, art. 78-49).

3° Les contestations qui pourront s'élever sur l'administration ou la perception des octrois en régie intéressée entre les communes et les régisseurs de ces établissements seront déférées au préfet qui statuera en conseil de préfecture, après avoir entendu les parties, sauf le recours au Conseil d'État dans les formes et le délai prescrits par le décret du 22 juillet 1806 (décret du 17 mai 1809, art. 136).

Tous les arrêtés que les préfets sont appelés à prendre dans les cas ci-dessus sont évidemment des décisions du contentieux administratif; ce ne sont plus de simples actes d'administration, mais bien des jugements qu'ils ne prononcent qu'après des informations et contre lesquels un recours est ouvert devant le Conseil d'État chargé de décider le contentieux administratif. Ils constituent pour ceux qui les ont obtenus droit acquis du jour de la signification.

Aucune forme n'est prescrite au préfet pour l'instruction des affaires qui lui sont soumises. Cette instruction se fait dans les bureaux et les décisions sont ordinairement prises sur le rapport des employés. Toutefois, lorsque le préfet est appelé à statuer en conseil de préfecture, il doit préalablement prendre l'avis des membres de ce conseil, bien qu'ils n'aient que voix consultative. Faute par lui d'avoir pris cet avis, lequel est une espèce de garantie donnée aux parties, son arrêté pourrait être attaqué devant l'autorité supérieure et devrait être réformé pour vice de forme.

La première voie pour attaquer les arrêtés du préfet consiste à se pourvoir devant le ministre, son supérieur immédiat selon les degrés de la hiérarchie administrative. Ce recours est ouvert quelque soit le vice dont se trouve entaché l'arrêté, qu'il porte sur le fond ou sur la forme. Peu importe également que cet arrêté ait été pris en matière d'administration pure ou de contentieux administratif. Aucun délai, du reste, n'est prescrit pour exercer ce recours.

On peut en second lieu, lorsqu'il s'agit d'une décision contentieuse, se pourvoir devant le Conseil d'État; mais ce pourvoi ne devra être admis qu'autant que l'arrêté que l'on attaque a déjà été porté devant le ministre que la matière concerne. Cette règle souffre exception lorsque le recours est fondé sur un vice d'incompétence, comme, par exemple, quand le préfet statue sur des matières contentieuses qui appartenaient aux conseils de préfecture, ou sur des matières judiciaires qui appartenaient aux tribunaux ordinaires; ou sur excès de pouvoir, quand il a réformé des arrêtés en vertu desquels des droits avaient été acquis. Alors les parties peuvent ou s'adresser directement au Conseil d'État, sans soumettre préalablement l'arrêté du préfet au contrôle du ministre, ou se conformer à la règle générale et en appeler d'abord au ministre compétent, puis au Conseil d'État.

Le recours au Conseil d'État doit être formé dans les trois mois qui suivent le jour où l'arrêté a été pris; après ce délai il n'est plus recevable (décret du 22 juillet 1806, art. 11).

FIN.

www.ingramcontent.com/pod-product-compliance
Lightning Source LLC
Chambersburg PA
CBHW050544210326
41520CB00012B/2705